DIARIO DE GUERRA Y POSGUERRA EN MADRID, 1936-1964

POEMAS
(antología)

Rafael Cansinos Assens

DIARIO DE GUERRA Y POSGUERRA EN MADRID

: : : 1936-1964 : : :

POEMAS
(antología)

EDICIÓN Y NOTAS DE

CARLOS EUGENIO LÓPEZ

ARCA EDICIONES

Madrid, 2025

Versión 01.27102025

© ARCA EDICIONES, cansinos.com

© Herederos de R.C.A.

© Texto introducción y notas: Carlos Eugenio López

Es una producción de Arca Edinet, S.L.

ISBN: 978-84-15957-44-7

DL: M-28081-2025   *Printed in Spain*

Índice

NOTA DEL EDITOR

Tal y como anunciamos en el epílogo del *Diario de guerra y posguerra en Madrid, 1944* (Arca Ediciones, Madrid, 2024, pp. 541-543), existe una amplia colección de poemas de Rafael Cansinos Assens –a veces en prosa de líneas cortas en bandera, con apariencia visual de poemas– posteriores a la finalización de su diario en julio de 1946. En 1999 una antología de estos poemas se publicaron en Árdora Ediciones con el título de *La rueda del destino y otros poemas*, sin que entonces ni el antólogo, Carlos Eugenio López, ni yo tuviéramos consciencia de que formaban parte de su diario. Era una colección de poemas de carácter autobiográfico, lo cual en poesía no significa mucho. Pero al cotejar similitudes con los numerosos poemas de este tipo que incluye Cansinos en los diarios de 1943 a 1946, es evidente que forman una serie y por lo tanto es necesario hacer un volumen con todos ellos en orden cronológico, como un anexo a los diarios que completan su biografía hasta su fallecimiento. La edición definitiva de ese volumen, que titulamos *Diario de guerra y posguerra en Madrid. POEMAS (antología), 1936-1964*, nos llevará tiempo porque primero vamos a publicar toda la serie de los *Diarios de guerra en Madrid* (1936-1939) y de los *Diarios de posguerra en Madrid* (1939-1946). Mientras llega el momento de hacer esa edición definitiva presentamos esta edición facsimilar del libro *La rueda del destino* añadiendo un estudio de Carlos Eugenio López, en el que a la luz de la nueva información sitúa la obra en el contexto de la obra diarística de Cansinos Assens.

N. del E.

~~~~~~

Diario de guerra y posguerra en Madrid, 1936-1964
P O E M A S (antología)

POR CARLOS EUGENIO LÓPEZ

A finales de 1998, Rafael Manuel Cansinos Galán, el hijo de Rafael Cansinos Assens (Sevilla 1982 - Madrid 1964), me hizo llegar alrededor de dos centenares de poemas inéditos de su padre, escritos, al parecer, en el periodo que iba desde la conclusión de *La novela de un literato* hasta la muerte del autor; es decir, de finales de los años treinta a principios de los sesenta. Estos poemas, modestamente encuadernados en cuatro volúmenes con tapas de otros libros, habían generado un cierto desconcierto en Rafael Manuel; desconcierto que, una vez los hube leído, hice de inmediato también mío. Poca relación, si alguna, cabía establecer entre tales inéditos y la poesía conocida de Cansinos Assens, de marcado sello vanguardista; poemas estos en los que el porvenir es «inabarcable» y «…por igual incita/a vivir y morir en un pródigo salto…»[1] o en los que «un expreso de horas cruza sobre la hierba»[2]. Los textos que ahora descubríamos, eran incomparablemente más domésticos y cotidianos y estaban marcados por

---

[1] «El Viaducto ávido y quieto», en *Grecia* 5, 1918.

[2] «Verano», en *Grecia* 49, 1920.

un claro tono diarístico. Donde antes parpadeaban los neones de los anuncios luminosos, todo era velocidad, incendios, fuegos artificiales o heliógrafos, ahora, al atardecer, «...la almendra de luz/ de la lámpara mengua/como un corazón triste».[3]

Ciertamente, Cansinos había acabado bastante pronto siendo muy crítico con las vanguardias, de las que se apartó enseguida y a las que se refirió con indisimulada acidez muchas veces, pese a haber sido precisamente él uno de los principales introductores y más activos dinamizadores de las mismas en nuestro país, desde la tertulia que presidía en el Café Colonial o desde las páginas de *Grecia* y *Ultra*[4]; un papel protagonista que, cuestionado hasta aún no hace tanto, hoy se le reconoce unánimemente. En *El Movimiento VP*, una de sus mejores novelas, llega incluso a convertir el fin del ultraísmo en el elemento axial de una trama que no sería exagerado calificar de bufa. Bien podía, en consecuencia, haber optado Cansinos por distanciarse asimismo de modo radical como poeta de unos principios estéticos de los que tan públicamente se había alejado como crítico e incluso ya había insinuado que le cansaban de inicio cuando en sus producciones

---

[3] «La niebla borró la imagen», año 1938, en *La rueda del destino*, pág. 19.

[4] Junto a *Grecia* y *Ultra*, posiblemente las publicaciones más decididamente vanguardistas del momento, hay que destacar asimismo el papel precursor que tuvieron revistas como *Prometeo* (1908-1912), *Los Quijotes* (1915-1918) y *Cervantes* (1916-1920), entre otras de las muchas que florecieron a principios del siglo XX, la mayoría de ellas de vida efímera. Estas revistas no nacieron vanguardistas, pero a lo largo de su trayectoria fueron inclinándose hacia el vanguardismo o, al menos, acogiendo poesía vanguardista en sus páginas. La propia *Grecia*, que acabará convirtiéndose en quizás el más luminoso faro de vanguardia de la época, nació como revista modernista y rubeniana, aunque muy pronto se abrirá a la poesía de Cansinos (número 5, 15 de diciembre de 1918) o Huidobro (número 7, 15 de enero de 1919).

vanguardistas adopta el sinónimo de Juan Las, apellido indisimuladamente parlante[5]. No es improbable que Cansinos pensase de las vanguardias lo que, más en general, pensaba Antonio Machado (Sevilla 1874 - Colliure 1939) de las revoluciones: en el fondo son insignificantes y ambiguas, porque lo más importante en ellas o no ha llegado aún o ha pasado ya.[6]

A falta de asideros más firmes a que agarrarnos, nos inclinamos, en consecuencia, por atribuir el motivo de la manifiesta disimilitud que percibíamos entre los inéditos que teníamos ahora entre manos y la poesía conocida de Cansinos a un comodín que en casi todo lo humano es determinante: el tiempo. Por un lado, entre los poemas publicados por Cansinos en las revistas vanguardistas de finales de los años diez y principios de los veinte del pasado siglo y los contenidos en estos cuatro cuadernos habían transcurrido entre dos y cuatro décadas. Obviamente, el Cansinos de unos y otros textos no era la misma persona, como no lo es casi nadie veinte o cuarenta años después. Lógico, por tanto, que esa inevitable metamorfosis personal se reflejase en su poesía. Máxime cuando la sociedad en que vivía el autor tampoco tenía en los años cuarenta y cincuenta muchas similitudes con la de los años diez y veinte. Por no hablar del siniestro y traumático interludio que supusieron los tres años de la Guerra Civil, que Cansinos pasó en Madrid soportando tantas suspicacias por parte de los rojos como recelos suscitaría después entre

---

[5] *LAS*, 1. *Qui éprouve trop de fatigue pour entreprendre ou poursuivre une action, un effort* 2. *Qui est ennuyé, importuné, rebuté jusqu'au dégout pour quelqu'un ou quelque chose (Dictionnaire de l'Académie Française).*

[6] En el borrador de su discurso de ingreso a la Real Academia Española, que no llegó a pronunciar, y permanece inédito hasta 1959.

los azules[7] y acrecentaron no poco su ya innata melancolía. Y por no referirnos tampoco al hecho muy sustantivo de que estos poemas inéditos fueron escritos sin prácticamente perspectiva alguna de publicación, ya que el nuevo régimen censuró sin contemplación alguna a Cansinos, impidiéndole incluso firmar sus traducciones, que debieron publicarse anónimamente[8].

Esta provisional explicación nos bastó en aquel momento para ir adelante con la publicación de una antología de una cincuentena de poemas espigados entre los dos centenares de que disponíamos. Los cuatro volúmenes en que nos llegaban encuadernados estos poemas podían dividirse en tres grupos. Dos cuadernos, probablemente los que contenían textos más antiguos, era lícito considerarlos de temática varia. El tercero estaba prácticamente dedicado en su integridad a Julia, un personaje que de inicio nos resultó desconocido, pero que, tras la publicación de los diarios de posguerra de Cansinos, hemos creído poder identificar como Julia Mateos, una joven poeta con la que el autor se encuentra en 1944 y que sigue presente en su vida a principios

---

[7] No cabe duda de que Cansinos se sitúa políticamente del lado republicano, pero en esto, como en casi todo, constituye un verso suelto, que lo hace sospechoso para unos y otros. En el clima enrarecido del Madrid sitiado por las tropas franquistas, aparece a los ojos de muchos como un burgués acomodado (no se olvide que para entonces vive ya al lado del Retiro y dispone de rentas procedentes de una herencia de la que se han beneficiado sus hermanas, que le permiten vivir con cierto desahogo) y sin afiliación política ninguna. Por lo demás, sus hermanas, con las que el escritor convive, son fervorosas católicas y como tales se las conoce.

[8] El franquismo justificó la censura de Cansinos Assens en base a su supuesto judaísmo y a entender que llevaba una vida «rara». Motivos más que suficientes a los ojos del nuevo régimen para retirarle el carnet de prensa e impedirle publicar con su nombre.

de los años cincuenta[9], cuando cabe fechar este tercer volumen. El cuatro cuaderno está monográficamente dedicado a su hijo, Rafael Manuel, y contiene poemas escritos en los seis años que van del 1958, cuando Rafael Manuel aún está en el seno de su madre, a la muerte de Cansinos Assens en 1964.

El criterio que nos orientó en la selección de los poemas que compondrían esta antología fue, en primer lugar, el gusto personal, factor que, se confiese o no, desempeña un papel primordial en toda antología; y, en segundo lugar, la preocupación por dejar una constancia lo más equilibrada posible de los principales grupos de interés temático de Cansinos (el amor frustrado, el paso del tiempo, la vejez, el hebraísmo...) y de las diferentes técnicas poéticas a las que con más frecuencia recurría el autor en esos cuatro cuadernos (verso libre, verso asonantado, salmos en prosa...). Esa antología, con el título de *La rueda del destino*[10] fue

---

[9] Julia Mateos aparece por primera vez en la vida de Cansinos en el Café Marfil el 16 de septiembre de 1944, en compañía de su novio, presentándola el diarista como poeta y comprometida políticamente durante la Guerra en las filas de la F.U.E. Vuelve a citarla el 14 de octubre y el 16 de diciembre de ese mismo año y de nuevo, aunque indirectamente, el 20 de enero de 1945. No obstante, hay que tener en cuenta que en los diarios de Cansinos aparecen citadas otras dos Julias, a las que se califica también de poetas o se les atribuye al menos alguna veleidad literaria. La primera, sin apellidar, el 23 de agosto de 1944 y, de nuevo, el 1 de octubre de ese mismo año. La segunda, Julia Astudillo, el jueves 26 julio de 1945. ¿Podría ser alguna de estas otras dos poetas la Julia a que se dedica el tercer volumen de las poesías de Cansinos? No nos parece probable, pero no cabe desconsiderarse completamente la hipótesis.

[10] Este título procede de un verso del poema «Todas las estrellas...», antologado en *La rueda del destino* (pág. 12): «... La rueda del Destino se ha parado;/ se ahogó el soplo en la boca de los vientos;/ ya las horas no danzan y la vida/ es una roja siesta de desierto/ bajo el poder de ese rubí encendido/que se ha hecho el corazón del universo.»

acogida favorablemente por la editorial Árdora, que acabó publicándola en su colección Árdora Exprés en septiembre de 1999, y es la que se ofrece de nuevo ahora al lector, sin cambio alguno, con el título de *Diario de guerra y posguerra en Madrid 1936-1964. POEMAS (antología)*.

Desde ese ya lejano 1999, sin embargo, ha transcurrido un cuarto de siglo, y en ese tiempo ha tenido lugar una ingente labor de investigación en los más de sesenta mil documentos que constan en el archivo de la Fundación Rafael Cansinos Assens (ARCA)[11], que dirige su hijo Rafael Manuel. El fruto más visible de esta labor ha sido probablemente la publicación de los extraordinarios diarios de posguerra de Cansinos, claves para entender los oscuros años del primer franquismo, y la reedición revisada, reordenada y anotada de nuevo de su *Novela de un literato*, una de las obras cumbres de la literatura española del siglo XX[12]. Fruto todavía en agraz, pero no menos importante, ha sido el descubrimiento de un número abrumador de inéditos, que se encuentran aún en fase de estudio y catalogación definitiva. Tanto los diarios de posguerra ya publicados como los numerosos documentos inéditos ya en fase de estudio proyectan nueva luz sobre esos dos centenares de poemas que, en su momento, nos inclinamos por considerar casi rarezas marginales dentro de la producción literaria de Cansinos, y nos obligan, consecuentemente, a revisar nuestra valoración inicial de esos textos.

---

[11] Los archivos disponibles de la Fundación Cansinos Assens pueden consultarse en el dominio cansinos.assens.org.

[12] *La novela de un literato* apareció inicialmente en tres volúmenes entre 1981 y 1985 en la editorial Alianza, en una primera edición de su hijo Rafael Manuel Cansinos Galán. La edición revisada salió ya a la luz en ARCA, en un solo volumen, en el 2022, asimismo al cuidado de RMCG.

Entre estos inéditos ya en fase de estudio en la Fundación Cansinos Assens, son de especial relevancia en el caso que nos ocupa los diarios de la Guerra y una veintena de legajos clasificados bajo el epígrafe genérico de prosas líricas. De los diarios de la Guerra, lamentablemente, aún se pueden extraer pocas conclusiones. Escritos en una diversidad de idiomas (fundamentalmente inglés, pero también francés, alemán, árabe aljamiado…), su análisis puede exigir aún algún tiempo antes de que sea posible acometer su traducción definitiva y su subsiguiente publicación. De las prosas líricas, escritas íntegramente en castellano, cabe, no obstante, extraer ya algunas conclusiones, aunque sean aún solo provisionales.

La primera de estas conclusiones es que, si bien tales prosas no están fechadas implícitamente, de su contenido cabe inferir que comienzan a escribirse con el inicio de la década de los veinte, o tal vez hasta en alguno de los años inmediatamente anteriores; es decir, aproximadamente dos décadas antes que los primeros poemas antologados en *La rueda del destino* y en el momento álgido del compromiso de Cansinos con la producción de poesía de vanguardia. La segunda es el interés que muestra en ellas el autor por lo cotidiano y el carácter marcadamente diarístico de su tono, muy alejado del de la poesía vanguardista que escribe por entonces. La tercera, el que los temas por los que se preocupa Cansinos ya en aquel momento coinciden en general con los que transpiran en sus poemas de los años cuarenta y cincuenta: sus hermanas (en especial, Pilar), Josefina[13],

---

[13] Josefina Megías Casado aparece en la vida de Cansinos a mediados de los años veinte y con ella mantendrá el autor una relación continuada hasta julio de 1946, cuando Josefina muere. El carácter de esta relación es complejo y no está exento de alguna ambigüedad, como, por otra parte, muchas otras facetas de la vida privada de Cansinos

la vejez[14], el hebraísmo… La cuarta, que este tono y asuntos serán asimismo los que caractericen sus diarios de posguerra.

Los poemas que escribe Cansinos en el último tercio de su vida, por tanto, lejos de constituir una rareza, como inicialmente pensamos, por desconocimiento de sus muchos otros inéditos, dejan constancia del estilo más genuino y sincero del autor. La poesía que editó en vida podría, en cierto sentido y con excepción del salmo, por el que siempre sintió un natural afecto, considerarse casi como obra de un alter ego y como un producto artificioso y premeditadamente concebido y elaborado en función de una determinada moda literaria. Casinos tocó en su larga vida de escritor[15] casi la totalidad de los géneros y estilos literarios; fue periodista, cuentista, novelista, poeta, ensayista, crítico literario, traductor de empeños descomunales… Pero fue, sobre todo y por encima de todo, diarista. En el diario, en las situaciones y los personajes cotidianos y reales, es donde Cansinos se siente verdaderamente él mismo y donde da de sí lo mejor que tiene como escritor. Y si como diario conviene

---

(cosmopolita sin haber salido en su vida de Madrid, autodidacta de saberes casi infinitos, bohemio para unos y burgués para otros…). La pareja nunca se casará, pero, por lo que cuenta el propio Cansinos en sus diarios de posguerra, se presentará en ocasiones en público como casada y hasta se inventarán la existencia de un hijo (Pepito) para poder socializar con normalidad y como una pareja burguesa más en el opresivo y puritano mundo del primer franquismo.

[14] Con ocasión de cumplir sus 38 cumpleaños (24 de noviembre de 1920) Cansinos le confiesa ya a su hermana, en la primera de esas prosas líricas, sentirse viejo.

[15] Téngase presente que Rafael Cansinos publica su primer poema, en la revista *Arte*, en 1898, cuando apenas tiene dieciséis años, y finaliza su traducción de las novelas de Balzac para la editorial Aguilar prácticamente en su lecho de muerte. En esas casi siete décadas, no dejó de escribir ni un solo momento, pese a las trabas y dificultades que se le pusieron.

leer su soberbia *Novela de un literato* o incluso *El movimiento VP,* así debería idealmente leerse también su poesía inédita.

Que la propuesta no es descabellada nos lo confirman sus diarios de posguerra ya publicados y lo que vamos entreviendo de sus muchos otros inéditos en vías de clasificación y estudio. En todo lugar, la prosa de Cansinos aparece trufada de elementos líricos, premeditados unas veces, impuestos en otras ocasiones casi fatalmente por la realidad a que se asoma[16]; pero del mismo modo, por lo que podemos ver en sus poemas hasta ahora inéditos, su poesía aparece, en el extremo opuesto, punteada de rasgos narrativos, también premeditados a veces y obligados en otras ocasiones por la necesidad de no dejar escapar la circunstancia concreta y cotidiana que suscita o da materia al poema. A veces incluso prosa y poema se complementan remitiéndonos al mismo hecho o haciéndonos partícipes del mismo sentimiento o la misma sensación.

Al estar la mayoría de sus poemas inéditos sin datar, es difícil hermanar alguna prosa concreta con algún poema en particular, con el fin de ilustrar estas correspondencias. Pero que tales correspondencias existen nos lo confirma el propio Cansino en sus diarios de posguerra, accesibles ya a todos.

Como muestra valga solo un par de catas en esos diarios.

El martes 23 de agosto de 1944, por ejemplo, Cansinos deja constancia en su diario de un encuentro con Rahma Toledano, de la que estuvo enamorado cuatro décadas antes, siendo poco más que un adolescente, y que ahora visita Madrid. Se encuen-

---

[16] «¡Cuánta poesía y cuánta poesía triste!», se ve obligado a exclamar el 23 de octubre de 1943 en su diario después de hacer referencia a un suicidio en la sórdida y miserable España de la época.» La España de *La Colmena,* pero de verdad», como bien ha definido Andrés Trapiello el país que Cansinos retrata con extraordinario verismo y maestría en sus diarios.

tran en el hotel Palace, toman café[17]. La entrevista está cargada de emoción, nostalgia y melancolía, y acaba así, según el relato del propio Cansinos:

> *—Buenas noches, Rahma; buen sueño y buen viaje…*
> *Y ella se levanta y me da la mano, y no me retiene… Se estaba cayendo… Sube la escalera, su hermana la ayuda… Yo me voy deprisa y salgo a la calle oscura y desierta y toda la noche me estoy dando vueltas… La malta del Palace me ha quitado el sueño…*
> *«¡Qué joven, qué viejo, qué alegre; qué triste me siento!*

Pues bien, de inmediato, continúa hablándonos de esa misma noche, pero ya no en prosa, sino en verso:

> *La noche es clara y tranquila,*
> *la luna brilla en el cielo,*
> *la cara de Josefina*
> *a mí me sirve de espejo.*
> *Espejo al que ya el azogue*
> *gastándole (o gastándose) se le va…*
> *Es el único en que aún puedo*
> *mi imagen, de ayer, mirar.*

Y, sin solución de continuidad, vuelve a la prosa, para referir ahora la entrada de los aliados en París.

---

[17] En realidad, malta y no café, como nos dice el propio Cansino después. Lo que sume al autor en la consternación: «Malta en el Palace (…) De cuanto adoramos, de cuanto vivimos, nada queda ya». Momentos de similar consternación tendrá Cansinos muchos en las páginas de sus diarios, plagadas de represión, soplones, estraperlo, cambios de chaqueta, ruindad e ilusiones frustradas.

Segundo ejemplo. A mediados de julio de 1946, apenas unos días después de la muerte de Josefina[18] Cansinos escribe en su diario:

... y he aquí que ahora el viento de la muerte viene y se la lleva a ella y desparrama todos mis escritos y los deja en medio de la calle...Ya nada de eso me importa...

Bien; pero ¿cómo reanudar de momento la vida? He ahí el problema.

Por lo pronto —me digo— hacer como siempre, ya que la costumbre es ahora mi única novia. Bajar al Retiro a esperarla, aun sabiendo que no ha de venir, sentarse en los mismos bancos, pisar sobre sus huellas... Eso hago estos primeros días en que ella me falta y voy a sentarme en la Rosaleda[19], en un banco de aquellos, entre señoras que hacen labor de ganchillo y niñeras que coquetean con sus novios, olvidándose de vigilar a sus niños. Y los niños me miran curiosos y se suben al banco, y me tiran de la ropa y hasta trepan por mí atraídos sin duda por mi aire de abuelo. Y como como si yo fuera una estatua, ellas les riñen: —Dejad a ese señor... ¡Ay que críos estos!

Y tratan de llevárselos... Pero yo no hago un gesto y sonrío: —Déjenlos, es igual... No me molestan.

Oh, si fuese de verdad una estatua... ¡Y ellos me enterrasen poco a poco bajo sus cubos de arena!

La cita es larga, pero creo que merece la pena no abreviarla. Máxime cuando, con ella, se pone fin a la labor diarística propia-

---

[18] Este texto no está fechado con precisión, pero la muerte de Josefina acaeció el 11 de julio de 1946. En consecuencia, dado su tono y tema, es lícito situarlo cuando lo hacemos.

[19] La Rosaleda, en realidad, está bastante lejos del lugar donde Cansinos y Josefina solían sentarse en sus habituales visitas al Retiro madrileño.

mente dicha de Cansinos. Muerta Josefina, Cansinos se sume en la depresión y abandona la redacción de sus diarios, poniendo fin a una actividad que venía desarrollando con una tenacidad ejemplar desde prácticamente su adolescencia.

¿O no? O, al menos, ¿o no del todo? Pues si es cierto que sus diarios en el sentido más estricto del término se interrumpirán definitivamente a mediados de julio de 1946, como consecuencia del profundo *shock* que le produce la muerte de la mujer que lo había acompañado durante veinte años, también lo es que Cansinos sigue dejando constancia del día a día de su existencia a través del verso. Y así, muerta Josefina, nos lega aún un poema en una de esas hojas sueltas que encuaderna después en el segundo de esos cuatro volúmenes a que venimos refiriéndonos que, aún sin fecha, podemos situar muy próximo en el tiempo a la prosa que acabamos de citar, en el cual prácticamente se continúa con esa prosa, pero ya en verso:

> *¡FATÍDICO RELEVO! Se fue Ella*
> *y vino la vejez en su lugar.*
> *Hasta aquel mismo día fuera yo un joven*
> *o así me lo creyera; que es igual.*
> *Bajo el cabello blanco, yo tenía*
> *un corazón ardiente, ilusionado;*
> *y eso es ser joven —hasta mi tristeza*
> *era ligera y de un matiz romántico.*
> *Pero ahora ya de pronto me hice viejo,*
> *un hombre sin anhelos ni ilusiones,*
> *cuyos sueños no vuelan al futuro*
> *porque hay un muro que sus alas rompe.*
> *Y eso es ser viejo; no el cabello blanco;*
> *no tener ilusiones ni esperanzas*

ni prisas ni impaciencia y al reloj
como al espejo no pedirle nada.
Desde que ella se fue, todo es lo mismo;
no hay domingos ni lunes; sino un día
largo, gris, infinito, y un espacio
sin caminos que lleven a una cita.
Y la pena es terrible, sin que nada
de poético la alivie o embellezca;
una pena real, impoetizable;
que a nadie le apiada ni interesa…
Una pena de Viejo… ¡eso, una pena![20]

Verso y prosa, prosa y verso, como se puede ver, difícilmente distinguibles. ¿Dónde hay más poesía? ¿Dónde hay más diario? Ambos, lirismo y memorialismo, se entremezclan y se utilizan con el mismo fin.

En primera lectura, uno se siente incluso tentado de responder a esa pregunta inclinándose a considerar más poética la prosa de Cansinos que su verso, y más narrativo, o al menos tan narrativo, este como su prosa. Pero estaríamos precipitándonos y pasando por alto tres factores tan importantes como el periodo en que escribe Cansinos, el país en que lo hace y su particular personalidad. Si nos paramos un momento a reflexionar sobre la importancia que tienen esos tres factores en la literatura del autor, ya sea en prosa o en verso, veremos que es imperativo matizar nuestro juicio.

Como el propio Cansinos dice de la pena que le produce la desaparición de la mujer que ama, el periodo y el país del que escribe y donde escribe es probablemente también *impoetizable*.

---

[20] *En La rueda del destino*, pág. 32.

No se olvide nunca que estamos hablando de una España hecha añicos por la Guerra Civil y sumida en la sordidez de una larga posguerra; una posguerra que, en realidad, tiene para quienes la vivieron visos de eternidad. La poesía inédita de Cansinos comienza escribiéndose con el ruido de los cañones que «a lo lejos/ hacen salvas al ocaso»[21] y acaba de escribirse con la propia muerte del autor en 1964, año sarcásticamente bautizado por el Régimen como el de los XXV Años de Paz. Por su parte, los diarios se escriben en el decenio que va desde el fin de *La novela de un literato*, año 1936, hasta la muerte de Josefina, año 1946. Considerada esta circunstancia, a la que habría que añadir además la personalidad melancólica e innatamente desencantada de Cansinos, que haya alguna prosa en su verso y poesía a raudales en su prosa no debería extrañar a nadie. El periodo es *impoetizable*, pero también *incronificable*. En el verso, pues, no hay más remedio que recurrir al prosaísmo, mientras que en la prosa es ineludible ayudarse con el lirismo para dar fe verdaderamente aquilatada de la miseria, la desesperanza y la ruina moral y material de esos años de plomo.

Caso aparte constituiría la prosa de *La novela de un literato*, obra que hemos calificado asimismo de diarística (calificación en la que nos reiteramos). Estando escrita en otra España muy diferente a la de la Guerra y la larga posguerra, se perciben en ella, ciertamente, rasgos estilísticos no tan alejados de los que caracterizan los diarios; lo que parecería quitar fuerza a la argumentación que acabamos de hacer. Pero *La novela de un literato*, si bien es, como decimos, también un diario, es, además, muchas otras cosas, y por ello ha de considerarse aparte. En ella, junto con los rasgos característicos de la obra diarística de Cansinos, apa-

---

[21] *En La rueda del Destino*, pág. 14.

recen elementos comunes a la gran novela europea del periodo de entreguerras; un paralelismo que, por desgracia, no se ha
destacado todo lo que merece por parte de la crítica de nuestro
país y que sitúa *La novela de un literato* entre las grandes novelas
el siglo XX europeo. El Cansinos que vagabundea desencantado
por el mundo literario y las calles del Madrid de los años veinte
y treinta, tanto o más que con el Cansinos de sus diarios, cabría hermanarlo con el Zeno de Ítalo Svevo, el Bloom de Joyce
o el Ullrich de Musil. Como ellos, Cansinos se nos presenta en
las páginas de su gran novela-diario en el avatar del antihéroe
moderno, condenado por el azar a formar parte de un siglo que,
como Zeno, Bloom o Ullrich, él considera epítome de banalidad.
Ullrich, nos cuenta Musil en *El hombre sin atributos*, dejó de creer
en la humanidad el día en que oyó llamar inteligente a un ca-
ballo de carreras, Cansinos deja de creer en las vanguardias y en
el mundo literario de su época cuando repara en que Luciano
de Samosata ya había llegado antes. Y él puede reparar en ello
porque él, a diferencia de sus contemporáneos en el huero y
endogámico mundo madrileño, donde probablemente se escribe
mucho más de lo que se lee, sí ha leído a Luciano, como nos
recordará en más de una ocasión Jorge Luis Borges, quien no en
vano, con justicia y como gran y verdadero lector que también
es, tiene a Cansinos por maestro.

Dejemos, pues, *La novela de un literato* al margen y volvamos al
objeto central de estas líneas.

Al estar sin fechar la mayoría de los poemas de que dispone-
mos, insistimos en ello aun a riesgo de ser reiterativos, es difícil
casar los textos en prosa de los diarios con sus probables correspondientes en verso. Pero sobran los inicios para suponer que
esa correspondencia existe en muchos más casos de los dos an-
tecitados a mero modo de ejemplo, y quizás pueda demostrarse

algún día sin ningún lugar a dudas. Algo que cabe especialmente esperar cuando por fin se editen los diarios multilingües de la Guerra, pues los poemas correspondientes a los últimos años treinta sí aparecen con alguna frecuencia fechados, aunque solo excepcionalmente con total precisión, siendo lo normal que se nos remita simplemente a un año o, como mucho, a un año y un mes.

De lo que ya no cabe duda alguna es de que la prosa de los diarios de Cansinos con lo que está en sintonía es con el estilo de su poesía inédita y no con el de su poesía de vanguardia. Tanto en los diarios como en sus poemas inéditos nos encontramos con un Cansinos en bata y zapatillas de fieltro, si se acepta la metáfora; un Cansinos íntimo que no puede evitar que la tarde le produzca una insuperable melancolía o las moscas le hagan reflexionar sobre su soledad y su vejez, pues, como diría de él César González Ruano (Madrid 1903 - Madrid 1965), tan certero adjetivador como turbio personaje, Cansinos es un hombre «infinitamente triste»[22]. Y eso, que se oculta en los poemas de su alter ego vanguardista, en donde imposta un vitalismo *contra natura*, se manifiesta ahora abiertamente.

Volvamos a poner solo un ejemplo. Y valga el de las moscas, a las que acabamos de referirnos y que aparecen reiteradamente tanto en sus diarios como en sus poemas inéditos. Estas moscas de Cansinos no son en absoluto las de Machado, moscas las de

---

[22] En *Siluetas de escritores contemporáneos* (1949), descripción en la que insistirá un par de años después al escribir sus memorias, *Mi medio siglo se confiesa a medias* (1951), poniendo de manifiesto el gran interés que mostró siempre Ruano por Cansinos Assens, al que literalmente persiguió en busca de establecer una relación de amistad que no llegará a materializarse nunca, al percibir Cansinos desde prácticamente su primer encuentro la dudosa catadura moral del gran articulista.

este como «abejas en abril» y que lo acompañan «en esa segunda inocencia/ que da no creer en nada». Las moscas de Cansinos están en las antípodas de esos insectos juguetones y divertidos de Machado. A Cansinos no le recuerdan sus días escolares, sino que le obligan a enfrentarse con su soledad, a reconocer que sus rodillas ya le tiemblan, que su cara es fofa…, y si por momentos está tentado de amarlas, porque ya son sus «únicas novias», las únicas que aún besan esa cara o se sientan en esas rodillas temblorosas, finalmente no tiene más remedio, por instinto y por carácter, que acabar odiándolas «porque son/ precursoras del gusano»[23].

Poesía, en definitiva, que, como los diarios, podríamos calificar de confesional, pero sobre la que falta aún por hacer una gran labor de investigación. A día de hoy, se puede anticipar ya que, además de estos cuatro cuadernos a los que nos hemos venido refiriendo y son materia nutricia de esta antología que ahora se reedita, existe entre los numerosos inéditos aún por clasificar un buen número de poemas dispersos que es intención recoger y agrupar con el fin de acometer en su momento una edición de la poesía completa de Cansinos Assens. Será entonces, y no antes, cuando se pueda, si no llegar a alguna conclusión definitiva, pues en nada es sensato afirmar que se alcanza a poseer la verdad, emitir al menos un juicio razonablemente motivado sobre la obra en verso de un autor ya canónico en prosa.

C. E. L., *enero de 2025*

---

[23] «Las moscas», páginas 24-25 en *La rueda del destino*. Cabría especular, a modo de entretenido pasatiempo, sobre cuál podría haber sido la opinión de Borges sobre este poema, que murió sin conocer, cuando tan crítico se había mostrado con Machado por escribir sobre este mismo asunto; un asunto que, en opinión del maestro bonaerense, era indigno de un verdadero poeta.

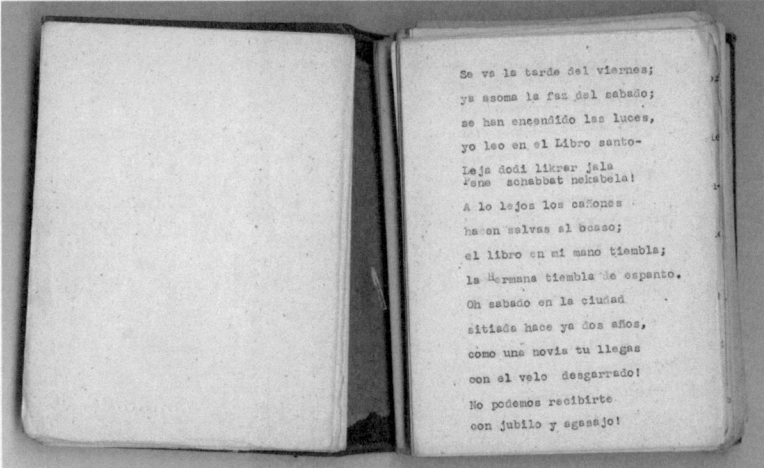

Mecanoescritos conservados en el ARCA. Rafael Cansinos Assens utilizaba tapas de otros libros para encuadernar sus poemas. Aprox. 18 cm alto. Catalogado como «Manuscrito n.º 1». Los de las siguientes páginas son el n.º 2, n.º 3 y n.º 4.

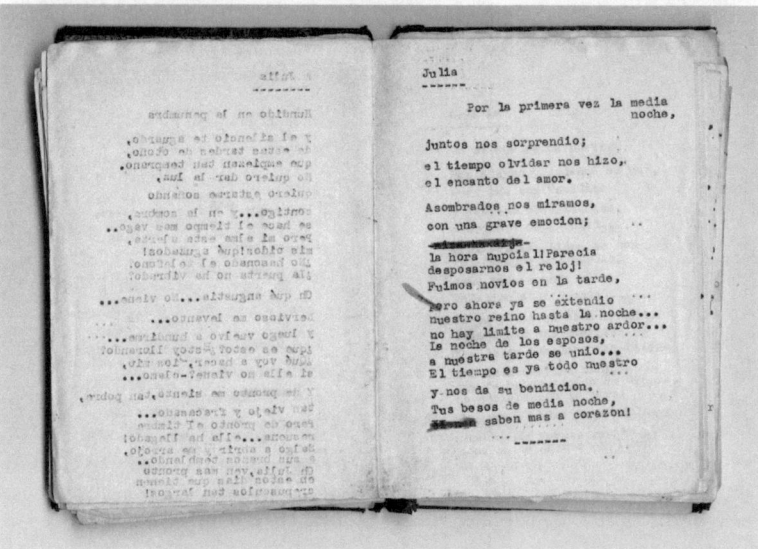

Julia

Por la primera vez la media
noche,

juntos nos sorprendio;
el tiempo olvidar nos hizo,
el encanto del amor.

Asombrados nos miramos,
con una grave emocion;

la hora nupcial!Parecia
desposarnos el reloj!
Fuimos novios en la tarde,
pero ahora ya se extendio
nuestro reino hasta la noche...
no hay limite a nuestro ardor...
La noche de los esposos,
a nuestra tarde se unio...
El tiempo es ya todo nuestro
y nos da su bendicion.
Tus besos de media noche,
saben mas a corazon!

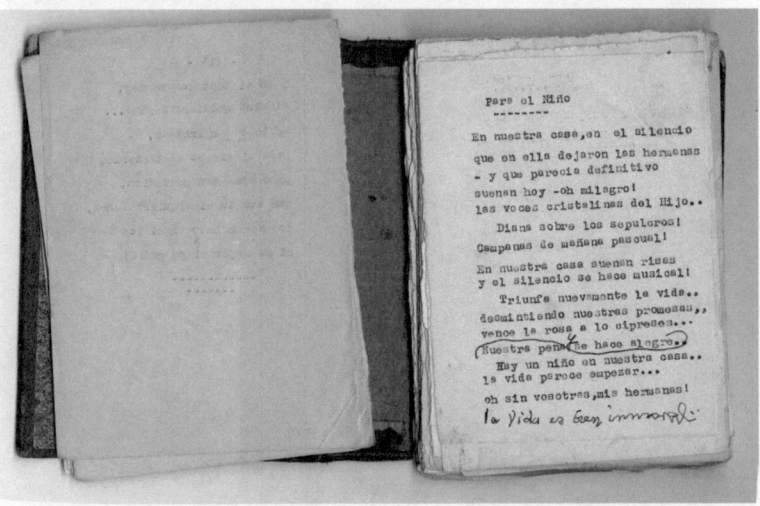

Diario de guerra y posguerra en Madrid, 1936-1964. POEMAS (antología) | **XXXI**

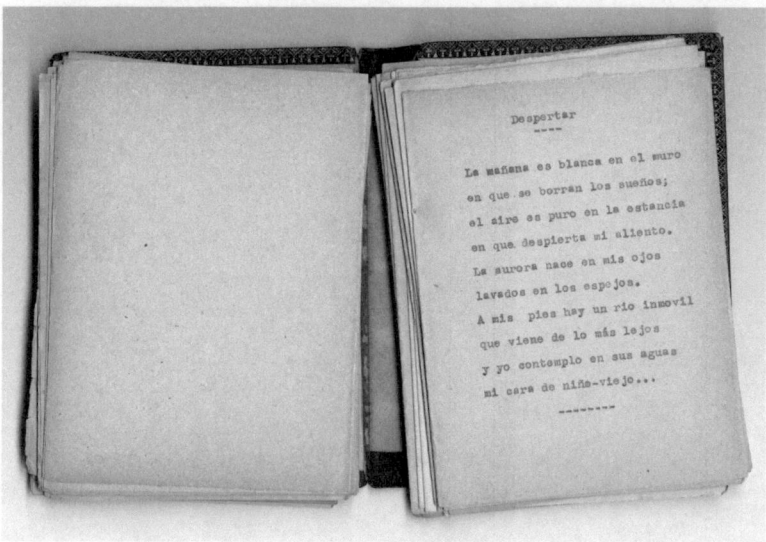

Despertar

La mañana es blanca en el muro
en que se borran los sueños;
el aire es puro en la estancia
en que despierta mi aliento.
La aurora nace en mis ojos
lavados en los espejos.
A mis pies hay un río inmovil
que viene de lo más lejos
y yo contemplo en sus aguas
mi cara de niño-viejo...

Cubierta, solapa y lomo de la edición de Árdora.

[2.ª de cubierta sin contenido en la edición original]

[página blanca sin contenido en la edición original]

[página blanca sin contenido en la edición original]

la rueda del destino

3

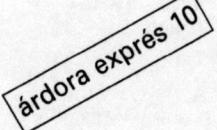
árdora exprés 10

© Árdora Ediciones,
Madrid, 1999
Apartado de Correos
3038 - 28080 Madrid

© Herederos de R.C.A.

Diseño de cubierta:
ZAC Diseño Gráfico

Diseño de interiores:
ZAC con la colaboración
de M.A.M.S.

Preimpresión:
 Alef de Bronce CPG, S. A.
 Ercilla, 5 - 28005 Madrid
Impresión: EFCA, S. A.
 Verano, 36
 Torrejón de Ardoz
 (Madrid)

D.L.: M-37.199-1999
ISBN: 84-88020-20-1

rafael
cansinos
assens

la rueda
del
destino

5

y otros poemas

Edición de Carlos Eugenio López

Madrid, 1999

EDICIONES Ardora

[página blanca sin contenido en la edición original]

índice

Otoño

El viento hace caer
todavía de los cielos
estrellas de miel.
En las esquinas
hay besos rezagados
para los hombres sin prisa.
En la puerta de la casa,
una joven indecisa,
aguarda.....

Página del manuscrito de R.C.A.
Cortesía del *Archivo Rafael Cansinos Assens*, www.cansinos.com

preliminar

La Rueda del destino no pretende ser una antología de la obra en verso de Rafael Cansinos Assens. Para ello se hubiera requerido un estudio en profundidad del vasto archivo personal dejado por el autor; algo que está aún por hacer. La selección de la que surgen los cuarenta y siete poemas que componen este libro se ha basado exclusivamente sobre la obra contenida en cuatro volúmenes mecanografiados y encuadernados bajo tapas de otros libros en los que RCA agrupó alrededor de dos centenares de poemas.

Los poemas conservados en estos cuatro cuadernos no parecen preparados para la publicación, por lo que me he permitido alguna pequeña licencia a la hora de fijar los textos, que no incluye la modificación de peculiaridades ortográficas o estilísticas que pudieran resultar, no del descuido, sino de la elección premeditada del autor. Por lo que se refiere al orden, he respetado en general el establecido en los cuadernos, donde, aunque la mayoría de los poemas no están datados y cuando lo están siguen un sistema de datación no siempre fácil de interpretar, da la impresión de imperar una laxa cronología, que va de los últimos años treinta a principios de los sesenta.

La selección de los poemas se ha realizado atendiendo sobre todo a criterios de gusto personal. No obstante, he procurado que estas inclinaciones no impidieran, dentro de lo posible, dejar una constancia equilibrada tanto de los principales grupos temáticos que interesan a Cansinos (el amor frustrado, el ciclo de las estaciones, el hebraísmo, la vejez...) como de las diferentes técnicas poéticas a las que con más frecuencia recurre (verso libre, verso asonantado, salmos en prosa...)

C. E. L.
Londres, febrero 1999

TE FUISTE Y CUANDO VUELVAS algún día,
ya serás una extraña;
tu juventud conservada por la costumbre
de verte, se habrá desvanecido en la distancia.
Vendrás hecha una vieja con el luto
de tu perdida juventud mordida por los perros
del Tiempo que mi amor a raya tuvo.
Todas tus arrugas en una noche se habrán abierto
en tu cara en torno a tus ojos asombrados.
Llegarás vacilando con tu pobre alma desorientada,
en el nuevo país de los otoños definitivos.
Tu corazón entre el vulgo de las buenas mujeres
su antiguo don extraño habrá perdido.
Ya no serás fatal sino para ti misma;
no encontrarás tu antigua voz ni el gesto,
la dicción oportuna, el antiguo papel
que recitabas con tan bello acento.
Dirás por consolarte —He engordado;
nada como el hogar, el pueblo, la familia—
y sonreirás. Tu voz sonará hueca
y un suspiro impensado cortará tu alegría.

¡DEL DELEITE VIOLENTO
se alejaba llevando
a bordo nuestro muerto
deseo, tan dulcemente
naufragado entre besos!
¡Oh amada, qué prodigio
el de tus besos tiernos!
¡Ellos el deseo engendran
y ellos lo matan luego!
Y yo lleno de asombro
el prodigio contemplo,
no sé si alegre o triste
como un sátiro viejo.
Mañana, amada mía,
tras ese deseo iremos
y escribiré en su tumba
un epitafio griego...
(¡O con la misma magia
lo resucitaremos!)

TODAS LAS ESTRELLAS giran en el cielo
activas tejedoras que tejen días diversos;
mas esta estrella roja siempre está quieta, fija,
tejiendo siempre un día infinito y eterno.
Como un ojo cruel y narcisista,
estática se mira en el reflejo
de su propia pupila, sobre el mundo
convertido en un rojo espejo inmenso.
Y siempre así, bajo su influjo siempre
se mueve todo desde tanto tiempo.
Todos los astros cambian y se eclipsan.
Pero esta estrella roja está siempre en su puesto.
Un océano de sangre cubre el mundo
para servirle de risueño espejo.
Y todo lleva su color terrible
hasta el más infantil de nuestros sueños.
Es un rubí infinito diluido
en la esencia de todo el universo
y son rojas las lágrimas y el luto
y la sombra nocturna y el silencio.
Y siempre así; todas las cosas cambian
y para todo hay marcado un término;
pasan la juventud y la belleza;
pero no hay fin para este espanto nuestro.
Siempre la misma cosa horrible y quieta;
la lacrosa parálisis del Tiempo,
la eternidad inmóvil, espantable,
para no estar enteramente muertos.
La rueda del Destino se ha parado;

se ahogó el soplo en la boca de los vientos;
ya las horas no danzan y la vida
es una roja siesta de desierto
bajo el poder de ese rubí encendido
que se ha hecho el corazón del universo.

SE VA LA TARDE DEL VIERNES;
y asoma la faz del sábado;
se han encendido las luces,
yo leo en el Libro santo:
—*Lejá dodí licrat calá*
pené shabat necabelá*.
A lo lejos los cañones
hacen salvas al ocaso;
el libro en mi mano tiembla;
la Hermana tiembla de espanto.
¡Oh Sábado en la ciudad
sitiada hace ya dos años,
como una novia tú llegas
con el velo desgarrado!
No podemos recibirte
con júbilo y agasajo,
pues que nos faltan el vino
y óleo para el Candelabro.
Sólo tenderte podemos
nuestros temblorosos brazos
y nuestros labios que tienen
del ayuno el sabor vago.
Nuestro hogar está en ruinas,
por obuses destrozado;
desde el umbral entrarás
por entre escombros pisando.
Sábado como una novia

14

---

* *Vamos amado al encuentro de la novia para recibir al sábado.*
Es el estribillo de una canción hebrea del rabino Salomón Alcabez,
que se recita en las sinagogas los viernes por la noche (Jacob Israel).

puro, bello y delicado,
llegas a casa entre horrores
y nos encuentras llorando.
Los cañones de la muerte
con sus truenos alternados
son solos a festejarte
con sus salvas, bello Sábado.
Mas no obstante entra en la casa;
que te estamos esperando;
muéstranos tu claro rostro,
alivia nuestro quebranto.
Siéntate y aquí esta noche
permanece consolando
nuestro dolor y conforta
nuestro pánico desmayo.
No es posible que contigo
el cañón nos haga daño;
pues Adonai te protege,
como a su santo enviado.
No es posible que en la tierra
nadie a ofenderte sea osado.
Ea, ya nos tienes alegres;
ya salimos confiados
a recibirte, tan sólo
un poco graves y pálidos;
como el novio que a la novia
estuvo tiempo aguardando;
pero al fin la ve llegar y a todos grita:
—Venid
Lejá dodí licrat calá
pené shabat necabelá.

YA EMPIEZAS A ESTAR CANSADA...
Ya te vas sintiendo vieja...
Ya de un joven la mirada
como a mí triste te deja.
Ya otro refugio no tienes
que mi amor seguro y fiel;
lo conozco en cómo vienes
a buscar amparo en él.
¡Qué patético tu abrazo!
¡Que interminable tu beso!
Ya es indisoluble el lazo
en que tu amor está preso.
¡Oh juventud y belleza,
qué vano vuestro esplendor!
Ahora es cuando en la pobreza
se acrisola nuestro amor.
¡Y ahora aprende mi alma inquieta
que contra lo que imaginas,
en este mundo, oh poeta,
sólo aman las ruinas!

SOLA, AVIEJADA y con el perro
nublaba mis ojos de llanto.
Su memorial de amor era el chucho;
como el diploma de su amparo.
Dábale un aire de mujer satisfecha,
casi de madre dichosa y colmada;
era el guardián de su inútil decoro;
ladraba al transeúnte capaz de desearla.
Y sin embargo pasaría las noches
en un insomnio pesado y ardiente;
pues aunque vieja, no lo era bastante
para el deseo de su carne turgente.
Pasaría desvelada las noches,
abrazada a su perro, soñando un marido;
hasta que al fin los clarores del alba
rindiesen su cuerpo cansado y dolido;
y en el lecho entonces, demasiado grande,
quedaría perdida como en un desierto
y a su lado el perro, íncubo engañoso
en el despatarro mortal de su sueño
husmando su vaho febril y lascivo,
sería el can simbólico de los mausoleos.

CUANDO SE FUE, quedó triste;
mas sólo por un instante;
a mí ya no me interesan
mujeres que entran y salen.
Ahora ya lo que ambiciono
son las presencias eternas;
soles que nunca se pongan;
lunas sin crece ni mengua.
Mi corazón abomina
de emociones volanderas;
alegrías de estrella errante
con la cola de tristeza.
Del llanto que no se agota
y el dormir que se desvela
y los vanos episodios
de una novela incompleta.
Los viajes con regreso
ya no seducen mi inercia;
quiero ausencias perdurables
o perdurables presencias.
Los sueños con despertar
nos dejan con nuestra pena.

Año 37

LA NIEBLA BORRÓ LA IMAGEN
que en el espejo dejó
el último día radiante.
El viento deshizo los nudos
que sujetaban las trenzas.
La nieve bloquea los umbrales
y los pies inútiles de todas las mujeres
reposan en la urnas de los museos.
En la casa donde la almendra de luz
de la lámpara mengua
como un corazón triste,
tú estás solo sin Ella.
De sala en sala, inseguro
te vas deslizando a tientas,
ciego y tullido apoyado
del recuerdo en las muletas.
Y piensas —Siempre ya así...
La imagen de un hombre ciego
que sigue a un perro por las
escalinatas sin rosas
será tu retrato eterno...
Y sin embargo... ¡confía!
Quizá mañana habrá sol
y retornará tu amiga,
que en la consola dejó
olvidados sus chapines,
entre las cosas de china...

Año 38

AMIGA, NADA TE AFLIJA
ni te cause pesadumbre.
Yo soy una estrella fija
del cielo de la costumbre.
Yo soy la estrella polar;
de dondequiera que mires,
siempre me podrás hallar
en mis cénits y nadires.
Yo soy la araña en su tela;
y la medusa en su acuario;
y el reloj que al tiempo vela
en su cristalino armario.
Entre libritos orientales,
de exóticas escrituras,
que alivian mis viejos males
y mis nostalgias oscuras;
en mi cámara de astrólogo
que al revés predice el tiempo
en un continuo monólogo
me encontrarás siempre quieto.
Yo soy la rosa central
de los tapices divinos;
mi imagen es cenital
en los cielos vespertinos.
Yo ya soy el colofón
de algún divino poema;
soy un perfecto glosema
del divino Lexicón.
Yo soy un barco encallado

en puerto de eternidad;
¡mira qué felicidad
si te embarcas a mi lado!
Amiga; si amas a un viejo,
no tendrás rival alguna;
si miras tras el espejo
tan sólo verás la luna.
No tengo amigo lejano
ni parientes en la aldea;
me tendrás siempre en tu mano;
te envidiará quien te vea.
Soy la voz sin eco vano;
verso que el ripio no afea;
yo soy el huésped estable,
que rima firme y seguro,
en el salón invariable
con el gran reloj del muro
y el piano ya intocable...

Año 38

Tenemos ya el alma vieja y dolorida.
Hemos amado mucho y mucho hemos sufrido;
ya no queremos nada, pues todo nos asusta;
tan sólo deseamos que nos dejen tranquilos.
Cualquiera cosa nueva, aun festiva, nos turba;
ya solamente amamos a la vieja costumbre
y esa sensación falsa, pobre, de eternidad
que nos da la rutina de hacer siempre lo mismo.
No tenemos ya la fuerza ni el tiempo necesarios
para construir poemas sobre nuevos motivos
ni amplificar en una partitura perfecta
del pájaro que pasa el trino fugitivo.
El viajero nos turba con su semblante inédito;
ya tan sólo aguardamos de los viejos amigos
la visita que llega a horas acostumbradas,
infalible y segura cual la de un astro antiguo.
Si tan sólo has de ser ruiseñor de una noche,
más vale que no vengas, Amor, a mi retiro;
y dejes que mi vida se extinga entres estas rosas
efusivas, ¡dispuestas a perecer conmigo!

Año 38

NUESTRO AMOR

De un ruiseñor fabuloso
el canto maravilloso
nuestro raro amor ha sido.
Cautivos nos ha tenido
de su dulce melodía,
que hace olvidar noche y día,
un tiempo indeterminado
—¡quién sabe el tiempo encantado!—.
Hasta que al fin, asustado,
nuestro pobre corazón
despierta con un suspiro
en el misterioso giro
de una pausa en la canción
y advertimos con tristeza
ante los claros espejos
del alba que somos viejos
y que ya el invierno empieza.
Nuestra vida ha sido una
noche infinita de luna.
El amor suyos nos hizo
ya salvación no tenemos;
suyos por siempre seremos
hasta morir en su hechizo.

MOSCAS

Ese viejo del balcón
está solo con las moscas;
ellas las únicas son
que besan su cara fofa.
Y sin embargo el ingrato
con saña mortal las odia
y todo el día se le ve
desfogar su moscofobia.
¡Oh viejo!, ¿por qué ese odio
si las moscas son tus novias,
las únicas que ya acuden
a besar tu cara fofa?
Ellas gustan de posarse
en tus rodillas temblonas
y bailan por distraerte,
Salomés voluptuosas.
Cuando de blanco te visten
el gran lecho, en él retozan
y una algazara de harem
tras los blancos velos forman.
Tus desdenes no consiguen
espantar sus fieles normas.
Para ellas tu seco rostro
es panal que nunca agotan.
Mueren locas a tus manos
de terrible Barbarroja
e insisten en consagrarte

su pobre vida tan corta.
Y cuando llega el invierno,
bajo el frío que las azota
ruedan muertas a tus pies,
oh viudo de mil esposas.
¿Por qué pues las odias tanto?
Ellas no son mariposas;
es verdad; pero la vida
tienen breve cual las rosas.
Y el viejo contesta —Hermano
poeta, tendrás razón:
¡mas las odio porque son
precursoras del gusano!

LA MOSCA

La mosca al diablo enamora
con sus mudanzas inquietas,
pues es una tentadora
de filósofos y ascetas.
Su insistencia reiterada,
nadie con calma resiste;
la ahuyentas con mano airada
y quedas confuso y triste.
Pues tu falta de paciencia
te prueba con claridad
que aún no alcanzaste la ciencia
del Budha en su soledad.

38-4

JOVEN

Joven de rostro terso cual mi ayer,
¡cómo me espanta el trágico destino
que en tu frente de brillo alabastrino
llevas escrito desde tu nacer!
Dos vampiros, la guerra y la mujer
te acechan en las rosas del camino
y en tu pecho turgente, diamantino,
balas y besos sueñan con morder.
Tienes siempre una cita con la muerte;
es tu enemiga la que más te ama,
nadie te compadece por ser fuerte.
Todos cuelgan de ti su brazo inerte.
Y de tu corazón en la gran llama
la humanidad cobarde su frío vierte.

VILANO

Frágil, liviano
el vilano:
rizo rubio desprendido
de la frente del verano,
proclama que todo es vano
cual su minúsculo arcano
que en el aire se deshace
sin que lo toque la mano.

8-2-38

SURTIDOR HELADO

¿Qué cosa más patética
que un surtidor helado?
Dijérase un amor que en su primer impulso
se crispa, rechazado
y que guarda el tesoro de su fuego nativo
solamente cuajado en ese gesto esquivo.

3-22-38

HARUNU-R-RASCHID

Rey Sol, en el zodíaco del Islam tu figura,
cual las de Soleimán y de Luis el de Francia,
exhala el fuerte hechizo y la rara fragancia
de los grandes monarcas cuyo fulgor perdura.
Con Chafar que del reino el peso te asegura
y Mesrur, el macero que la sangre te escancia,
en Bagdad tu alma inquieta y llena de elegancia,
cosecha cada noche una nueva aventura.
Fuiste tierno y cruel. Amabas las mujeres
los poetas, el lujo, la gracia y el talento;
coleccionar cabezas fue uno de tus placeres
pues querías de ese modo eternizar ayeres.
Y un día la de Chafar, de la amistad portento,
tiñó de rojo uno de tus amaneceres.

3-1-39

LA PRIMAVERA VIENE;
la tierra se engalana;
resignada y heroica,
alégrate, mi alma.
Báñate en esa luz,
que tu vejez declara;
y escucha esos reclamos
de amor que no te llaman.
Bebe el vino del aire
de una embriaguez pesada;
y siéntete más sola,
entre la muchedumbre emparejada.

7-3-39

¡FATÍDICO RELEVO! Se fue Ella
y vino la vejez en su lugar.
Hasta aquel mismo día fuera yo un joven
o así me lo creyera; que es igual.
Bajo el cabello blanco, yo tenía
un corazón ardiente, ilusionado;
y eso es ser joven —hasta mi tristeza
era ligera y de un matiz romántico.
Pero ahora ya de pronto me hice un viejo,
un hombre sin anhelos ni ilusiones,
cuyos sueños no vuelan al futuro
porque hay un muro que sus alas rompe.
Y eso es ser viejo; no el cabello blanco;
no tener ilusiones ni esperanzas
ni prisas ni impaciencias y al reloj
como al espejo no pedirle nada.
Desde que ella se fue, todo es lo mismo;
no hay domingos ni lunes; sino un día
largo, gris, infinito, y un espacio
sin caminos que lleven a una cita.
Y la pena es terrible, sin que nada
de poético la alivie o embellezca;
una pena real, impoetizable;
que a nadie le apiada ni interesa...
una pena de Viejo... ¡eso, una pena!

PRIMAVERA SIN ELLA... que era la animadora;
la que a todo le daba su poder de emoción;
la maga que sabía mover cual el de un niño
mi viejo corazón...
Ahora ella ya no existe y todo me es igual;
y dicen que ella ha muerto, pero el muerto soy yo.
En este mes de marzo tan sólo me estremece
de emoción recordar
que otro marzo remoto
fue cuando su presencia
pobló mi soledad...
¡Oh mi perdido amor, siempre te esperaré
con la misma ilusión,
en este mes sagrado
junto al almendro en flor!

MEDIA NOCHE

La media noche el puñal
de la ausencia nos pone al pecho.
En medio de la glorieta
se han detenido los vientos.
Han callado todas las voces;
inmóviles están los luceros.
El amor entre nosotros
está temblando de miedo.

EN SECRETO

Las mujeres que antaño adoré como ídolos
ahora ya son ruinas y al pasar ante ellas
me apiado en secreto.
Nunca mi amor les dije; nunca tampoco ahora
la piedad les diré; ésta debe quedar en secreto.
Todo secreto ha sido entre nosotros siempre
y así debe quedar; que ese su encanto fue:
ser un secreto.
Y aunque sea muy pesado eso de callar siempre
yo las despido ahora con ojos impasibles
y guardo mi pesar secreto.

NOCTURNO

En la noche lentamente,
lentamente yo camino,
ensayando ya ese paso
de ciego que será el mío...
Largamente miro todo,
las personas y las cosas,
el azul siempre lejano,
la mujer que no es la novia...
Y cansado y aburrido
vuelvo a casa, en que me aguardan
libros mil veces leídos,
sombra en todos los rincones,
y un fuego casi extinguido...
sin haber cambiado un beso,
ni una palabra de amigo...
Soledad del hombre viejo...
silencio horrible... ¡y divino!

¡QUIÉN DIJERA QUE UN AMOR,
que un sol parecía de grande,
iba a extinguirse tan pronto
como una estrellica errante!
¡Pero qué estela tan larga,
me ha dejado y tan brillante!
¡Diríase que era un amor
sólo para recordarle!

PSALMOS

Como a una mala consejera evitaremos
la falsa ternura que nace del cansancio
y astuta y artera se adueña de nosotros
en la tarde.

Es la hermana bastarda de esa otra
ternura que en los campos alegres, a la
caída de la tarde, enlaza las manos de
los novios sencillos.

Es la ternura insidiosa y lasciva que, en
las negras ciudades, acecha en las
esquinas y hace trotar a los hombres sin
novia en una ronda infinita e inútil
hasta la madrugada y entonces los
hunde en un burdel.

A JULIA

Cuando vienes a verme en la tarde ligera,
tus pies siembran el suelo de pétalos de rosa,
que luego a media noche, cuando regreso solo,
encuentro todavía floreciendo las losas.
—Son sus huellas —murmuro— y pisarlas evito;
y al aire de la noche, le pido no se mueva,
para que no las lleve y, a la tarde siguiente,
te guíen hasta mi alma con su fragante estela...

NO HE DE HACER POR BUSCARTE...
Has de volver a mí como viniste,
en un ímpetu libre de tus alas...
No he de estorbar tu paso con el mío...
¿A qué verte ante mí cohibida y triste?
Quizá no vuelvas nunca... lo prefiero...
Tu amor, aunque tan breve, fue perfecto.
A veces que era un sueño yo pensaba...
Pues bien... ahora no hay duda...
pues se ha desvanecido como un sueño...
¡Pero en mi soledad podré soñarlo
... tal como fue, pues era sólo un sueño!
Leyendo mis poemas, me decías:
—¿Oh por qué eres tan triste?
Yo en cambio, ya lo ves... soy optimista,
dinámica y alegre. Amo la vida,
la luz, soy una rosa y tú un ciprés;
nos separa un abismo —Así decías;
mi tristeza explicarte no lograbas...
Pues bien; ahora que al fin te has alejado
y puesto entre nosotros un abismo,
¿no te explicas, mujer, esa tristeza,
presentimiento de tu amor efímero?

OLVIDO

Paletadas de días
entierran el recuerdo...
Tus huellas en mi puerta
las ha borrado el viento...
Ya todo me parece
tan remoto y lejano...
cual si fuese una historia
que yo hubiese inventado...
¿Es verdad que algún día
estuvieron tus manos tan pequeñas
perdidas en las mías?
¿Que alguna vez viniste,
Madona de arrabal,
a mi retiro triste?
Todo es ya una leyenda; tu rostro conocido
es ya una Esfinge hundida
en arenas de olvido.
Y hasta tu nombre, Julia,
no es ya tu nombre, sino
el de alguna princesa
romana o bizantina...

VIEJO

¡Viejo!...
Ladrón de tiempo...
Nada podrá absolverte de ese crimen
de haber sobrevivido a tantas rosas...
Los jóvenes te miran con recelo,
¡inocente vampiro!,
y evitan la mirada de tus ojos
en que tantos luceros se han hundido...
¡Viejo!
¡Nada podrá absolverte de ese crimen
de haber sobrevivido!
Y todos los que lloran a algún muerto
prematuro, te llaman:
¡Asesino!

OTOÑO

Esta tarde de otoño parece primavera.
El aire es dulce y tibio
y hay un sordo rumor germinal en la tierra.
Dijérase que van a florecer las rosas
y a cantar en los nidos los pajarillos nuevos,
y a recobrar su antiguo color desvanecido
nuestros blancos cabellos...
Hay en el aire una promesa venturosa.
La sangre en nuestras venas palpita con ardor,
nos sentimos capaces de un gran amor inédito,
diríase que despierta de un sueño el corazón...
Mas de pronto, cruel, un viento frío se alza
y cual pájaros muertos caen al suelo las hojas,
y con ellas se entierra toda nuestra esperanza.

PÁJAROS

En la tarde, cuando el sol ilumina
todavía la ciudad, pero ya los paseos
están llenos de frescura, es dulce y
animador oír a los pájaros que cantan,
remontando el vuelo sobre los tejados.
La ciudad no es tan mala, cuando los
pájaros, que pudieran huir, moran en
ella y no la abandonan; su presencia es
un testimonio de que no todos sus
habitantes son perversos.

Seguramente hay en ella manos de
mujer que desmigajan el pan en sus
balcones para que los pájaros lo
encuentren y azoteas floridas donde les
es grato posarse, sin temor a trampas
escondidas.

Seguramente no son todos sus
habitantes usureros ni cazadores,
hombres de corazón absolutamente
duro, cuando en ella han puesto sus
nidos estos pájaros libres.

BAJA A CONSOLAR TU PENA
al jardín ya florecido.
—Te agradezco el buen consejo;
pero no habré de seguirlo.
Que para un hombre ya viejo
y sin amor un jardín
es tan sólo un cementerio,
que le recuerda su fin.

CON QUÉ EXTREMA TERNURA nos hemos abrazado
en esas calles últimas junto a las estaciones,
escuchando el silbido de los trenes que parten.
¡Qué patéticos fueron nuestros falsos adioses!
Tú cogida a mi cuello te estremecías de angustia.
Y me dabas tus labios con heroico fervor,
en tanto ellos pasaban como arcángeles ebrios
del vino de la muerte y la separación.
Su aletazo violento sentíamos en los rostros
y en los ojos el brillo de sus ígneos aceros
y nos cogíamos fuerte, para que no pudieran
al país de las Ausencias arrastrarnos con ellos.
¡Oh qué susto pueril!, qué pueril alegría
luego por la emoción de nuestro amor salvado.
En esos terraplenes frente a las estaciones
¡qué tiernamente, amiga, nos hemos abrazado!

1948

¡Un año más... sin ti... mi Josefina!
Un año más, sin ilusión... Poeta
sin ilusión... la muerte misma.
¡Sin ilusión, ni amor, ni primavera!
¿Qué más da el Año nuevo, que el pasado?
Un año más... ¡al fin un año menos!
para el que nada espera, pues ya nunca
te anunciará el almendro.
Esta noche, entre el vulgo que se alegra,
al pie de los relojes asesinos,
con la esperanza de una dicha nueva,
yo te recordaré con un suspiro.
Los doce besos de tus dulces labios
no estrujarán sus uvas en los míos;
necia superstición; ¿acaso pueden
esos conjuros detener el sino?
Nada puede el amor contra la muerte;
¡Oh la triste verdad! Si no, vivieras.
Yo te canonicé; pero no pude
a ti, siendo mortal, hacerte eterna...
Esta noche, a las doce, nuestra hora,
de las calladas, exquisitas fiestas,
yo solo entre la gente, al recordarte
lloraré doce lágrimas acerbas.
Y marcharé con lento, triste paso,
hacia las nuevas horas,
sin ninguna ilusión, sin esperanza
pensando solamente en que me llevan
más cerca de tu Sombra.

UN ROJO REGUERO MANA
del costado de la Tarde...
¡Las colinas se arrodillan
ante el Cristo del paisaje!
Los árboles sueltan sus trenzas
y nuestros poemas frustrados,
sobre el suelo amarillean.
Los trenes bajo los túneles
hacia el invierno se alejan.

HAY EN LA CASA UN ABSOLUTO
silencio adormecido;
¡cuán altos, cuán altos se hacen
sobre las puertas los frisos!
Diríase que van a romperse
para dar paso a lo infinito.
Para dar paso a nuestra angustia,
¡que va a estallar en un grito!

¡VEINTE AÑOS! La inquietud
de ver el mundo tan grande
y el pensar que acaso, acaso
pudiéramos dominarle.
¡Treinta años! Nuestro anhelos
ya más pequeños se hacen;
una mujer y una casa;
¡y el mundo sigue tan grande!
¡Cincuenta años! Para toda
ambición ya se hizo tarde;
nuestro mundo está cerrado;
¡y el mundo sigue tan grande!

Preceptiva literaria

En invierno, las bellas narraciones,
lentas y largas, trenzarás, sintiendo
el sereno placer de los que hacen
una labor tranquila, sin apremio...
En primavera, madrigales leves,
pensamientos sutiles, pensamientos
locos y fugitivos, sin enlace
y sin continuación, como los besos
del aire, lanzarás... En el estío
amarás solamente... Y en el tierno
otoño, dulce y lánguido,
cuyo andar se acompasa con el metro
elegíaco, vagando lentamente
por sendas desfloradas, de regreso,
recogerás en cálices de arte
las lágrimas divinas del recuerdo.

OTOÑO

El viento hace caer
todavía de los cielos
estrellas de miel.
En las esquinas
hay besos rezagados
para los hombres sin prisa.
En la puerta de la casa,
una joven indecisa,
aguarda...

INVIERNO

Invierno. ¡Nuevamente
se hace el mundo pequeño!;
¡tan enorme y tan grande
Verano lo había hecho!
Ahora todo el ámbito
de un pobre hogar lo encuentro;
y todo se reduce
a la llama del fuego.
La nieve abrevia ahora
los caminos eternos;
y en la cuna de un niño
duerme el mundo su sueño.

RECTIFICACIÓN

Mi juventud se ha ido como una mujer loca,
así el viejo poeta comienza su elegía.
Pero una voz secreta le implora insinuante;
—No digas eso, ingrato. Tu verso rectifica.
Tu juventud, la pobre, ha muerto entre tus brazos;
y la dulce fragancia de su larga agonía,
es la ternura vaga que en tu estancia desierta
aún te envuelve, amorosa como compañía.

EN EL SÓRDIDO GHETTO,*
al través de los siglos,
clamaba su dolor a Adonai
el judío.
Pero Adonai no lo escuchaba...
¡Está tan alto el Altísimo!...
Sobre el Sol y los Astros,
sobre siete cielos,
y no llegaban hasta Él los gritos
de dolor de su pueblo...
Y el judío seguía clamando,
terco e incansable, desde su hondo ghetto,
—Sálvanos, Señor, de esta tortura,
llévanos a Sión de nuevo...
Y el Señor su voz no escuchaba...,
¡estaba tan alto y tan lejos!
Pero la voz subía sin embargo,
de un cielo al otro iba subiendo...
Veinte siglos tardó en llegar
hasta los oídos del Altísimo,
esa voz formada de miles de voces,
al través de siglos y siglos...
Y al fin la oyó Adonai,
el Señor se acordó de sus hijos...
Y los sacó del ghetto cual antes
los había sacado de Egipto...

55

---

* Este poema fue escrito con ocasión de la fundación del moderno Estado de Israel.

Ya florece de nuevo en Sión,
de Jericó la rosa inmortal,
ghettos y pogromos ya lejos quedaron...
El judío en su tierra celebra la Pascua triunfal...
Veinte siglos tardó en ser oído,
¡está tan lejos, tan alto, tan alto
el trono del Altísimo!

NUESTRO PERRO es un poeta
que quiere coger un astro
y pugna por alcanzar
la cerilla de mi mano.
Salta y se empina hasta ella,
la boca abierta, ladrando;
y al sentir cerca la llama
retrocede intimidado...
¡Para coger una estrella,
hay que quemarse... muchacho!
Pero él insiste y patea
y resopla, hasta que al cabo
logra coger la cerilla;
¡pero ya apagada... claro!
Y entonces se queda triste,
sorprendido, defraudado...
Yo lo acaricio, risueño;
—Igual le pasa a tu amo
—le digo— cuando pretende
atrapar el verso raro...,
ese astro errante y falaz...
¿Mas y el placer soberano
de haber sentido tan cerca
su fuego divino, mágico?

NOCHE

¡Cuán engañosa eres,
oh Noche, con tu sombra!
Tu tiniebla es más clara,
que el velo de la aurora.
Todo, aun lo más perdido,
a tus manos retorna;
y todo lo descubres
con tu linterna sorda.
Pareces una ciega
y todo lo avizoras.
Tu silencio ilumina
como una gran antorcha.

Esta noche...

Esta noche he tenido un sueño misterioso,
un sueño alegre, espléndido, gentil,
al despertar aún su dulzor me dura...
¡Todavía Venus se acuerda de mí!...

FECUNDIDAD

¡Agosto, cénit del verano!
¡Germinal de la Tierra fecunda,
Germinal de los vientres henchidos!
Bajo la luna alta y plena desfila
la procesión de las madres futuras,
lenta y solemne cual teoría de canéforas,
llevando en sus vientres la urna
en que su voto deposita la Vida.
No haya temor de que se extinga la Especie.
¡En la noche de agosto Eros triunfa!
¡Rosas de mayo tendrá el triste Enero!
¡Gloria al Amor que los yermos florece!
¡Gloria al Amor que los desiertos puebla!
¡Gloria, oh amada, a tu vientre-colmena!

1958

PARA EL NIÑO

¡Qué caprichoso es nuestro niño!
Todo cuanto ve se le antoja,
tiende los brazos y lo pide
y si no se lo damos, llora...
Pero en seguida que lo tiene
ya está deseando otra cosa,
el pájaro, la luna, la mariposa blanca;
todo lo atrae, de todo se enamora...
Todo al mismo tiempo querría poseerlo,
y se pasa gimiendo las más de las horas...
¡Oh qué niño éste! —suspira la madre—
¡Qué niño tan loco! ¡Nada lo contenta!...
Y yo callo y pienso con gesto culpable
¿si será poeta?

Cuesta de Moyano, Madrid, años veinte.

La rueda del destino y otros poemas,
de Rafael Cansinos Assens,
volumen número 10
de la colección Árdora Exprés,
se terminó de imprimir
el 22 de septiembre de 1999,
comienzo del otoño.

[página blanca sin contenido en la edición original]

Contracubierta y solapa de la edición de Árdora.

*La primera impresión
de esta edición de ARCA se terminó
el 9 de diciembre de 2025.*